WOLFGANG AMADEUS MOZART

(1756-1791)

250

ANIVERSARIO

Mozart

BBVA

EL PAIS

5

LAS BODAS DE FÍGARO (I)

ORQUESTA FILARMÓNICA DE VIENA

ERICH KLEIBER

diseño
EMO

fotografía de cubierta
Jesús Ubera

documentación
María Díaz y Carlos Céster

maquetas de la firma de Mozart
Francisco Tanco

maquetación
El orfanato

impresión
Mateu Cromo, S.A.

concepto y coordinación
Diverdi

ISBN 84-9815-263-1
D.L. M-44314-2005

W. A. Mozart Las bodas de Fígaro (I)

Coro de la Ópera de Viena
Orquesta Filarmónica de Viena
Erich Kleiber, dirección

El Conde de Almaviva – Alfred Poell
La Condesa de Almaviva – Lisa della Casa
Fígaro – Cesare Siepi
Susana – Hilde Gueden
Cherubino – Suzanne Danco
Bartolo – Fernando Corena
Marcelina – Hilde Rössel-Majdan
Don Basilio – Murray Dickie
Antonio – Harald Pröglhof
Barbarina – Anny Felbermayer
Don Curzio – Hugo Meyer-Welfing
Dos jovencitas – Suzanne Danco, Anny Felbermayer

lugar y fecha de grabación
Viena, Redoutensaal, junio de 1955

toma de sonido
James Brown, Cyril Winderbank

producción
Victor Olof, Peter Andry

remasterización
Andrew Wedman

edición original
Decca (referencia 466 369-2), Reino Unido, licenciado por Testament, Reino Unido
www.testament.co.uk

LAS BODAS DE FÍGARO (I)

Le Nozze di Figaro, K 492

Libretto di Lorenzo da Ponte dalla commedia di Pierre-Augustin Caron de Beaumarchais

1 Ouvertura	4:08

Atto primo

2	Cinque… dieci… venti… trenta	2:44
3	Se a caso madama	2:25
4	Bravo, signor padrone!	3:18
5	La vendetta	2:59
6	Via, resti servita	2:23
7	Non so più cosa son	2:43
8	Cosa sento!	5:07

9	Giovani liete	0:59
10	Non più andrai	3:51

Atto secondo

11	Porgi amor	3:28
12	Voi che sapete	2:54
13	Venite, inginocchiatevi	3:14
14	Susanna, or via, sortite	3:09
15	Aprite, presto aprite	1:11
16	Esci omai, garzon malnato	8:43
17	Signore, di fuori	9:18
18	Voi signor, che giusto siete	3:54

Vista del Támesis a su paso por Londres.
Detalle de un cuadro de Canaletto

CAPÍTULO 5

El viaje a Londres

ARTURO REVERTER

Punto de inflexión

Este viaje fue, quizá, el más importante de los realizados por el compositor, tanto en riqueza de acontecimientos cuanto, sobre todo, en la relevancia que éstos tuvieron para su formación como músico y como persona. Se produjo ahí un punto de inflexión en el que el niño sufrió una muy notable evolución y crecimiento en saberes y en técnica y, he aquí lo más significativo, una ampliación en cuanto a la concepción y entendimiento de las cosas que lo condujo a la adquisición de un estilo y de una estética que supusieron para él una, valga la expresión, primera madurez. La estancia en Inglaterra duró la friolera de casi 16 meses, del 20 de abril de 1764 al 1 de agosto de 1765. Como siempre es Leopold quien, en su calidad de guía y de testigo fiel de los hechos, nos va informando a través de sus cartas. Leamos lo que escribía el 28 de mayo de 1765:

"El 28 de abril, de seis a nueve de la noche, fuimos admitidos ante el rey y la reina. El 19 de mayo se nos recibió de nuevo, de seis a diez... El rey no solamente hizo tocar a Wolfgang unas piezas de Wagenseil, sino que le propuso fragmentos de Bach, Abel y Händel; el niño tocó todo perfectamente a primera vista. Se sentó también en el órgano del rey, y lo hizo tan bien que todos encontraron su juego sobre ese teclado aún más maravilloso que sobre el clavecín. A continuación acompañó a la reina en un aria y en un solo de flauta."

Como vemos, el niño no dejaba de crecer y de disfrutar con la música. Si esto no hubiera sucedido, es difícil que el genio hubiera roto por fin amarras y hubiera explotado con una fuerza tan demoledora que lo llevaría a convertirse en muy pocos años en uno de los más grandes creadores de la historia; que ya, curiosamente, tenía en mente por esas fechas la composición de una ópera. En la misma carta de su padre se nos dice que no pasaba un día sin que el niño no hablara de Salzburgo, de sus amigos y de la ópera que tenía en la cabeza, que habría de ser interpretada por jóvenes compatriotas. Es la primera vez que se hace mención a un deseo de creación de una música orientada hacia la escena. En Londres asistiría a numerosas representaciones, pero casi todas bastantes meses después de esa carta de 28 de mayo de 1764. Es muy posible que llegara a ver en el cierre de la temporada londinense un par de obras de Johann Christian Bach, el hijo del autor de *El arte de la fuga*: *Orione* y *Zanaïda*, partituras ambiciosas con grandes coros.

El 5 de junio los niños dieron su primer concierto público, es posible, apuntan los Massin, que en el marco de los Bach-Abel-Concerts. El profesor de Augsburgo no deja de cantar las excelencias de sus retoños: "Mi hija es la virtuosa más hábil de Europa y no tiene más que 12 años y mi hijo, en una palabra, y aunque no tiene más que 8, sabe todo lo que se le pueda exigir a un hombre de 40". Wolfgang dará no mucho después un concierto benéfico en la sala Ranelagh, un acto que Leopold juzgaba conveniente desde un punto de vista político. En esa época son frecuentes las actuaciones de los hermanos en salones aristocráticos. Al salir de una de ellas, el padre se siente indispuesto y cae poco después gravemente enfermo. Es una afección de garganta que le tiene postrado durante semanas. Una auténtica catástrofe que incide, naturalmente, al quedar el organizador y contramaestre en el dique seco, en la planificación del día a día de ese negocio entre publicitario, crematístico y artístico tan cuidadosamente preparado; esa industria musical de tan altos vuelos. La familia se aloja en casa de unos amigos de Chelsea. Nannerl cuenta en sus notas cómo por esas fechas, al estar su hermano sin teclado, ensaya el acercamiento a una nueva obra musical, la sinfonía. De ese tiempo data, en efecto, la primera partitura mozartiana de este tipo: "Ha compuesto su primera sinfonía con todos los instrumentos, en particular trompetas y timbales", escribía la niña. Por esas fechas también Wolfgang trabaja en algunas de las futuras sonatas para clave y violín que acabará ofreciendo a la reina a principios de 1765.

Aún habrían de ir los Mozart al palacio de Buckingham una vez más, con motivo de la coronación de Jorge III; fue el 25 de octubre. Poco después intervendrían en otro concierto benéfico, en este caso para el Lyons Hospital, "un modo de ganarse el afecto de tan peculiar nación", que decía el ya repuesto Leopold. Mozart trabaja en esas semanas en las sonatas para clave y violín, pero no las que ha de recibir la reina de Inglaterra, sino las dedicadas en París a Madame de Tessé. Pero hay demasiada calma y el jefe del clan empieza a inquietarse, hasta el punto de que hace intervenir desde París al bueno de Grimm, que escribe, el 13 de diciembre, al duque de Sax-Gotha para que consiga conciertos y suscripciones. Sin mucho éxito.

Johann Christian Bach

En todo caso, la estancia inglesa de los Mozart se había animado con otros acontecimientos de una importancia decisiva para la formación de su miembro más joven. Aquí hemos de colocar su relación con Johann Christian Bach (1735-1782), el más pequeño de los hijos del cantor y llegado a

Los jardines de Vauxhall en Londres. Acuarela de Thomas Rowlandson

ARTURO REVERTER

Londres, tras una larga y provechosa estancia en Italia, en 1760 como maestro de música de la reina, de quien era maestro de conciertos desde un año antes otro ilustre alemán, amigo de Johann Christian, Karl-Friedrich Abel (1725-1787). Ambos organizaban desde 1763 los Bach-Abel-Concerts por suscripción, dando así tono a la vida musical londinense. Mozart había conocido previamente la música de otro hijo de Bach, Carl Philipp Emanuel, algunas de cuyas piezas había transcrito a su cuaderno de trabajo de niñez. No está muy claro ni cuándo ni cómo se produjo el primer encuentro entre el muchacho y el ya importante compositor, a raíz del cual tantas cosas cambiarían y quedarían claras para aquél. Nissen cuenta una anécdota que se ha repetido mucho y que debió de marcar una de las primeras entrevistas: "Johann Christian Bach, profesor de la reina, sentó al pequeño Mozart sobre sus rodillas y tocó algunos compases; después el niño continuó, de tal forma que enseguida se pusieron a tocar juntos y ejecutaron una sonata entera con maravillosa precisión."

Entre Wolfgang y Johann Christian había algo más que una simple admiración. De hecho, éste lo apadrinó artísticamente de algún modo y, viendo sus condiciones naturales, lo encauzó en el camino que creía correcto. En ese momento, el hijo de Bach tenía en torno a 30 años y era un hombre amable y simpático, que había tenido la suerte de estudiar en Italia con el padre Martini, futuro mentor del salzburgués, y que estaba en los secretos del arte galante. Su música, de "encantadora dulzura" (Wyzewa), penetraría rápidamente en la sensibilidad de Mozart, que le daría su personal sesgo; orientación que estaría teñida asimismo de influencias haendelianas, por cuanto a principios de 1765, en el Covent Garden, es muy probable que Wolfgang pudiera escuchar algunos de los mejores oratorios del músico de Halle: *Judas Macchabeus*, *El festín de Alejandro*, *Samson*, *Israel en Egipto* y *El Mesías*. Un tiempo durante el que Johann Christian editaría sus *Seis oberturas a ocho instrumentos*, tocadas precedentemente en la serie de conciertos que organizaba con Abel.

La impronta italiana

Es lógico que Mozart siguiera en esos tiempos, en los que disfrutaba de la amistad y enseñanzas de Johann Christian, las pautas instrumentales de la sonata italiana, que tenía, tanto en la forma como en el contenido, el fundamental propósito de entretener. No es raro por ello que en las sonatas inglesas del niño, en esas piezas escritas durante esa estancia, lo que prevalezca sea la técnica mediterránea, aunque incrustada —desde esa época Mozart era ya un compositor mestizo— de tradiciones alemanas, las de su padre, y francesas, las de Schobert. Poco a poco, en el curso de su relación con el Bach milanés, el jovencito va dejando aquellos moldes, pasa de emplear en una exposición de sonata tres o cuatro motivos distintos a manejar únicamente dos, como imponía el criterio italianizante de su moderno mentor. Y es sobre todo a partir de comienzos de 1765 en el que se produce ese proceso y se desarrolla la toma de conciencia de Wolfgang. También el modelo sinfónico, que pasa a ser puramente italiano y atendía por ello al nombre de obertura, una pieza espumosa, ligera y superficial, distinta de aquellas que el niño había podido escuchar a lo largo de los viajes precedentes, en Viena o Mannheim, incluso París, en donde había tenido conocimiento de algunas páginas de Gossec. Y diversa de esa primera obra del género que escribe en Chelsea durante el verano de 1764, inacabada en cuanto a la instrumentación y rematada más tarde, la *número 1 en mi bemol mayor* (K 16). Las sinfonías siguientes serán "más libres, más elegantes y más modernas", en opinión de Wyzewa y Saint Foix, que, sin embargo —su voluminoso estudio está escrito en 1936—, consideraban que la primera sinfonía del salzburgués, la de Chelsea, estaba en si bemol. En realidad, la escrita en esta tonalidad —la *número 3*— era de Abel, de la que Mozart había hecho una copia (K 18, suplemento A. 51 del último catálogo Köchel revisado). La *Sinfonía en la menor*, Anh 220, K 16a, es seguramente apócrifa; como la *Sinfonía en si mayor*, K 17 (suplemento C. 11.02). Donde por tanto pueden apreciarse esas diferencias entre el estilo germánico —al que en todo caso Mozart volvería años más tarde sin abandonar el italiano— y el sureño y encantador de

Johann Christian es en la *Sinfonía número 4 en re mayor*, K 19, redactada con bastante seguridad a principios de 1765.

En el Teatro Real de Haymarket tuvieron lugar en esa temporada una serie de representaciones de ópera italiana a las que los Mozart debieron de asistir, al menos en parte. Johann Christian Bach y los directores Giardini y Mingotti habían hecho venir de Italia importantes instrumentistas y cantantes, entre estos últimos los *castrati* Manzuoli y Tenducci, los tenores Ciprandi y Micheli y las sopranos Scotti y Cremonini, a las que se sumaba la inglesa Polly Young. Artistas de excepción, auténticos ídolos de su tiempo. Allí se pudieron ver *Adriano in Siria*, del hijo de Bach; *Demoofonte*, de Vento; *L'Olimpiade*, de Arne; *Il re pastore*, de Giardini; junto a diversos *pasticci*. No hay duda de que todo ello debió de suponer un estupendo bagaje en el camino de la iniciación en la música vocal de nuestro compositor en ciernes; quizá lo más relevante de su estancia en Inglaterra, que le abriría el camino para la realización de ese sueño infantil de crear una ópera.

Retrato de Johann Christian Bach, que residió 20 años en Inglaterra

Dentro de este mundo hay que señalar la notable significación que tendría para Wolfgang el contacto con el castrado Manzuoli, futuro *primo uomo*, que llegó a él vía Johann Christian. Parece probado que fue este cantor quien se encargó de iniciar al niño en los secretos del aria italiana y en el arte del *bel canto*. Fruto de ese contacto será el aria, la primera de Wolfgang, *Va del furor portata*, K 21 (19c), que es asombroso que pudiera haber sido escrita por una persona de nueve años, tal es su limpieza de línea, su cuidada proporción, su belleza melódica y su directa expresión. Probablemente fuera una entre varias arias de ese tipo que no han llegado a nuestro poder y que obedecían al deseo de perfección de la infantil pluma. Manzuoli era uno de los últimos representantes de la antigua escuela de sopranistas que seguían una educación musical y unas reglas de gran severidad. Se ha de concluir que es probablemente gracias a esa conexión que Mozart estaba ya en posesión de todos los conocimientos del estilo cuando en 1768 se lanzó al ruedo operístico italiano. Hay que apuntar asimismo el motete *God is our Refuge*, para soprano, contralto, tenor y bajo, K 20, escrito por las mismas fechas y con obediencia a similares pautas, que es cedido, junto con las sonatas para clave publicadas hasta la fecha, al British Museum.

La prueba de Barrington

En noviembre de 1764 se había dado a la imprenta el grupo de sonatas para clave y violín que Mozart iba a dedicar a la reina a principios de 1765. Lo hacía, con fecha de 18 de enero, con las siguientes palabras: "Seis sonatas para el clavecín que pueden tocarse con acompañamiento de violín o flauta travesera. Muy humildemente dedicadas a su majestad Charlotte, reina de Gran Bretaña. Compuestas por J. G. Wolfgang Mozart a la edad de ocho años. Obra III. Londres. Printed for the Autor and sold at his lodgings, at Mr. Williamson, in Thrift Street Soho". Son las obras catalogadas entre el K 10 y el K 15. Obras sencillas en las que, como es normal en esa época, el protagonismo lo tiene el teclado, hasta el punto, decía Paumgartner, de que "el instrumento acompañante podría perfectamente quedarse callado sin alterar sensiblemente la composición."

Una de las divas arriba citadas, la soprano Cremonini, participó junto al joven compositor en un concierto el 13 de mayo de 1765. Durante este tiempo se produce el encuentro de Wolfgang con un nuevo instrumento, el piano rudimentario, que acabará por sustituir, junto con el fortepiano, al clave. El pequeño compositor había sido reclamado para probar uno de los nuevos artefactos, fabricados por Burckhard para el rey de Prusia. Pero Wolfgang ensaya también el piano creado por Tschudi. De ese contacto nace la *Sonata para clave (o piano) a cuatro manos*, K 19d, trazada según las influencias más directas de Johann Christian.

Todos los estudiosos e investigadores colocan en lugar preferente uno de los últimos episodios sucedidos durante la estancia londinense y que ponía de nuevo sobre el tapete las asombrosas capacidades musicales del infante. Se refiere a la suerte de examen o prueba a que lo sometió un magistrado, naturalista y filósofo inglés de nombre Daines Barrington, que quería averiguar si todo lo que se decía del joven prodigio era cierto. Lo primero que hizo fue comprobar la verdadera fecha de nacimiento de Wolfgang y se dispuso entretanto a verificar sus auténticos méritos. Tras la prueba envió un comunicado a los miembros de la Real Sociedad de Londres. De este escrito tomamos algunos párrafos significativos (utilizamos la traducción de Ramón Andrés):

"Le entregué el manuscrito de una ópera cuya partitura se encontraba reducida a cinco partes, con acompañamiento para primer y segundo violín, dos partes vocales y un bajo... La segunda voz estaba escrita al estilo italiano. Tan pronto estuvo la partitura colocada sobre el atril, empezó a tocar sus notas magistralmente, acertando de lleno en el *tempo* y en el aspecto estilístico, y aunque su voz todavía tenía timbre infantil, su interpretación fue inmejorable; quiero decir también que su padre lo acompañaba en la voz grave, y comoquiera que éste desafinó en un par de ocasiones, el niño se volvió a él muy contrariado."

Luego Barrington deseó conocer la capacidad de improvisación de Wolfgang: "Sabiendo que el tierno Mozart conocía y admiraba a Manzuoli, le dije que me agradaría escuchar una improvisación de una canción de amor al estilo del citado compositor. El muchacho miró hacia atrás con astucia y empezó a interpretar un recitativo propio para la introducción de una canción amorosa, tras la que tocó un aire *affettuoso*... Su calidad sobrepasaba lo normal y su inventiva era extraordinaria. Viendo su buena disposición e inspiración, aún osé solicitarle un nuevo ejercicio, consistente aquella vez en la composición de una canción apasionada, regida incluso por un tono iracundo. No lo pensó dos veces, y mirando con ojos pícaros hacia atrás, comenzó de nuevo a tocar el instrumento y se puso en pie ante él, como si el clavicémbalo fuera un ser humano... Era imposible que su asombrosa facilidad residiese únicamente en el virtuosismo, pues tras su prodigioso

Ilustración de 1785 que muestra al Conde de Almaviva descubriendo a Cherubino

arte de la interpretación afloraba un sólido conocimiento de las leyes de la composición, asimiladas por alguien que era todavía muy niño, pues la sesión fue capaz de interrumpirla un acto tan banal como la entrada de un gato por la ventana: infantilmente, Mozart corrió hacia él, abandonando el clave; más tarde se puso a recorrer la habitación con un palo entre las piernas imaginándose jinete sobre un hermoso corcel. Fue en junio de 1765 cuando fui testigo de cuanto he relatado, fecha en la que el niño contaba ocho años y cinco meses de edad."

Los beneficios obtenidos en Inglaterra habían sido, pese a las épocas poco activas, cuantiosos, pero Leopold decidió, tras tantos meses, partir ya de regreso a Salzburgo. Hutchings cree que entre las razones estaba la de que veía en Londres demasiados rivales cualificados que podían empezar a hacerle sombra a sus hijos. Además, en Salzburgo, el arzobispo Schrattenbach estaba impaciente por recibir de nuevo a la familia. El propósito de retornar directamente a la ciudad austriaca se vio otra vez alterado ante la visita de un enviado holandés que insistió en que debía ir a La Haya a cualquier precio. Allí la princesa de Orange "deseaba escuchar la música del ya muy famoso muchacho". La salida de Londres se produjo el 24 de julio de 1765, aunque antes de partir para Holanda todavía visitarían Canterbury.

Manuscrito autógrafo de la obertura de *Las bodas de Fígaro*

Las bodas de Fígaro

Jordi Llovet

La ley del deseo

Las bodas de Fígaro, ópera compuesta por Wolfgang Amadeus Mozart entre 1785 y 1786, suscita en los espectadores de nuestros días, más quizá que en los ya lejanos tiempos de sus primeras representaciones, un interés que sólo puede atribuirse al modo como se tratan en ella dos cuestiones complementarias, ajenas a casi todos los estadios de la civilización europea ulterior: los estertores del orden aristocrático del *Ancien Régime* y, en estrecha relación con este hecho propiamente histórico, los modos de relación entre los sexos, y, muy particularmente, las maquinaciones, las imposturas y las simulaciones que caracterizan al dinámico, complejo mundo del deseo.

El dramaturgo francés que hacía llamarse, con cierta dosis de superchería, Pierre-Augustin Caron de Beaumarchais, había estrenado en 1784, en la Comédie Française de París, la obra dramática llamada *Le mariage de Figaro ou la folle journée*, como segunda parte de una trilogía cuya primera entrega había sido *Le barbier de Séville*, puesta más tarde también en música por Rossini. La obra de Beaumarchais, perfectamente adecuada a los baremos del género cómico de su tiempo, no dejó por ello de entrar en un terreno enormemente resbaladizo y peligroso: se trataba de ridiculizar a aquella aristocracia todavía muy extendida y poderosa en Francia que se permitía, aun tan entrado el Siglo de las Luces, el llamado *ius primae noctis* o "derecho de pernada" en genuina expresión de la lengua castellana. Según una tradición que el derecho matrimonial denomina en lengua latina porque era tan antigua como los usos sexuales de la Edad Media, los señores tenían el derecho a poseer a sus sirvientas, en grado no del todo especificado, antes de que el hombre que oficialmente las desposaba alcanzara los más reservados secretos de la novia.

El hecho de que Mozart fuera quien insinuó a su colaborador literario, Lorenzo da Ponte, que elaborara un libreto operístico a partir del drama de Beaumarchais, no hace sino añadir interés al conjunto de circunstancias y avatares que rodean a la composición de esta obra y a las líneas maestras de su contenido, sólo ligeramente modificadas por el libretista en atención a la situación política de Austria, más vidriosa todavía que la que circunscribió a la pieza dramática en la Francia de finales del siglo. Luis XVI, en efecto, que supo de ella antes de que fuera representada, habría exclamado: "Es detestable; esto no se va a representar jamás"; y a fe que la obra tuvo enormes problemas para llegar a la escena francesa. Sea como fuere, el caso es que el drama llegó a oídos de Mozart —al que no le faltaba agudeza, por mucho que suela considerarse al compositor un hombre escasamente letrado—, y que fue él mismo, en esta ocasión a diferencia de otras, quien deseó escribir una partitura acerca de los embrollos y las peripecias que tienen lugar en esta "loca jornada", que empieza con los preparativos de boda de Fígaro y Susana, sigue con los intentos del Conde de Almaviva —con un toque de Casanova, otro toque de Don Juan— de cortejar a la sirvienta, pasa luego por alocadas historias de travestismo y entradas y salidas por puertas y ventanas muy al estilo de la *commedia dell'arte*, y acaba con una magnífica trampa tendida a casi todo el mundo, para vergüenza del Conde, restauración del honor de Rosina, su esposa engañada, salvación de la honra de Susana, alabanza del pundonor de Fígaro y confusión general de todos los participantes en este *dramma giocoso* que en español debe ser llamado en puridad "comedia de enredos".

Como se ha dicho más arriba, no es baladí el hecho de que fuera Mozart quien sugiriera a Da Ponte la redacción del libreto; pues Mozart posee un currículo sexual, si así puede decirse, que no es extraño al perfil de los grandes seductores literarios e históricos del siglo XVIII: su relación con su esposa poseyó, posiblemente, la dignidad que debieron de poseer todos los actos de este gran hombre que fue nuestro compositor, muchacho eterno; pero también sus devaneos amorosos, de sobra conocidos, con las muchachas de Salzburgo, Viena y Praga responde al modelo, propiamente extramoral, de las relaciones eróticas tal como el siglo XVIII las había establecido de la manera más natural del mundo. Como escribiría un estudioso tan perspicaz y documentado de las costumbres amorosas de ese siglo como Eduard Fuchs, "la verdad es la gran enemiga de esta época; en todos los terrenos, su lugar será ocupado por la impostura".

Pero el engaño amoroso puede ser tratado de modos muy distintos. Como se decía al inicio, nuestro tiempo, que vive todavía sumido en las categorías morales que se derivan de la visión romántica del amor —visión que, a su vez, lo tiene todo en común con el amor-pasión que diseñó para toda la historia moderna y contemporánea del mundo occidental la lírica de los trovadores provenzales—, acepta con reparos, o como ejemplo de hipocresía, lo que en su tiempo no era más que una "mecánica" perfectamente comprensible de las relaciones de sexo y amorosas: así, en *Las bodas de Fígaro*, lo que resulta fundamental entender no es tanto que a finales del siglo XVIII sobrevivieran formas de relación entre poder y sexo propiamente feudales, sino que el deseo es un factor de relación entre los miembros de toda comunidad —más si ésta es cerrada, como la que tiene lugar en una hacienda de Sevilla— que remodela toda convención, desfigura toda moralidad normativa y acelera la más imprevista de las pulsiones.

El Conde desea a Susana, pero ésta quiere a Fígaro; Fígaro le debe obediencia a su señor, pero esto no significa que deba someterse a los caprichos del Conde; la Condesa quiere todavía a su marido, pero éste parece entregado, desde los inicios de su matrimonio, a la ley de un amor libre que se practica sobre la base del poder que le otorga su título de nobleza; Marcelina pretende a Fígaro por la mera razón de que se firmó un contrato entre ambos en mala hora; Don Bartolo no pretende a Marcelina, pero acabará siendo su esposo, y ambos, encima, padres de Fígaro por sorpresa; y, por fin, presidiendo esta extraordinaria maraña de malentendidos, autoridades, deseos subyacentes o subyugados, jugueteos, entuertos, engaños y fidelidades, la extraordinaria figura del primer paje del Conde, Cherubino —Chérubin en la obra de Beaumarchais, personaje mucho más desdibujado que el de Mozart—, que actúa, en toda la ópera, a guisa de deseo todavía innominado, sexo casi indeterminado debido a su edad adolescente y, sobre todo, motor del deseo ajeno, verdadero *deus ex machina* de todas las historias amorosas, más grandes y menos grandes, más graves y más ligeras de esta ópera.

En esto reside la paradoja más grande tanto del drama de Beaumarchais como de la ópera de Mozart. Lo verdaderamente revolucionario en ambas obras no es tanto el hecho de que todavía en pleno *Ancien Régime* se critique y se ridiculice el comportamiento de un noble, el Conde de Almaviva, que pretende perpetuar el derecho feudal de pernada, cuanto el hecho de que la ley del deseo, concentrada en la figura lábil, proteica y metamórfica de Cherubino, vuele por encima de todas las situaciones y todos los personajes convirtiéndolos en sujetos agentes y pacientes de unas pasiones que superan, con mucho, cualquier determinación histórica. Aquello que se lee como *historia* en ambas obras, es decir, la crítica del poder absoluto y el carácter despótico de la nobleza, se lee como elemento *suprahistórico* si se analiza a la luz de las leyes del deseo y del amor. Aunque es cierto, como ya hemos dicho, que esa ligereza en los usos amatorios que se presenta en la ópera —en su texto y en su música— es muy característica del siglo XVIII, la verdad es que no está ahí para determinar a un siglo y sus costumbres, sino para definir al amor mismo como elemento anacrónico, sus recónditas aventuras y sus intrincados caminos de siempre: el deseo, movilizado y actualizado con absoluta ingenuidad por esta hechura de Cupido que es Cherubino, devana su madeja sin cesar, entreteje sus hilos, genera inexorablemente el gran tapiz de los destinos cruzados de todos los personajes de la obra.

Ahí cabe establecer otra diferencia entre la obra dramática de Beaumarchais y la obra dramático-operística de Da Ponte y Mozart. Pues si el dramaturgo francés había puesto un énfasis enorme, como era propio de la tradición dramática francesa del Gran Siglo y su influencia, en el hecho de que cada uno de los personajes de su obra poseyera "su carácter" y de que cada uno de ellos hablara un lenguaje diferenciado —*Chacun y parle son langage*, escribió el francés en un prólogo a su obra—, Da Ponte no se preocupó de esta cuestión —que dejó en manos de la sabiduría de Mozart para proveer de carácter musical a cada uno de los personajes—, y Mozart la resolvió, a su vez, de un modo que sólo podía garantizar su genio: estableciendo una especie de "polifonía demótica" de los caracteres, sometidos éstos siempre a la acción misma y a los movimientos y situaciones del drama; de modo que todos los personajes de *Le nozze di Figaro*, lejos de definirse a sí mismos, se perfilan esenciales sólo dentro del conjunto y la armonía dramático-musical del conjunto, cima en la historia de la ópera por lo que respecta a esta cuestión. El Conde de Almaviva no está dibujado como un perverso tirano, al modo que pocos años más tarde haría Beethoven con la figura de Pizarro en *Fidelio*, y la melancolía de la muchacha Barbarina, en *L'ho perduta... me meschina,* que remite a la pérdida de una simple aguja, no es muy distinta de la que se expresa en las arias de la Condesa, *Porgi, amor, qualche ristoro* y *Dove sono i bei momenti*, en las que ésta busca consuelo para el desamor que experimenta y añora los buenos tiempos en los que su marido la amaba de verdad. Es ésta la última cuestión que queríamos abordar en estas páginas: cuesta entender que un hombre que apenas ha superado la treintena fuera capaz de otorgar a su música esa unidad de sentido, esa sabia articulación de personajes y caracteres subsumidos todos en una atmósfera sin apenas discontinuidades y en permanente tensión hacia los finales de acto y el final de la obra, y que, encima, tuviera la capacidad de sumergirlos a todos, a pesar de ser tan distintos —aparentemente optimistas y felices los unos, nostálgicos y apesadumbrados otros—, en una atmósfera única presidida por la ley del deseo, por sus irregularidades, sus aventuras, sus privaciones, sus disfraces, sus gozos y carencias. Esta ley, que antes se pone de manifiesto en los secretos de la melodía que en las obviedades del texto, es la que domina de cabo a cabo *Las bodas de Fígaro*, la que sumerge a todos los personajes en un único clima, en una atmósfera pasional común, de modo que la ópera que nos ocupa acaba siendo, más que una diatriba contra la aristocracia del Antiguo Régimen, la manifestación de un espíritu compasivo y solidario con todas las capas de la sociedad en la medida que ninguna de ellas se halla a salvo de las circunstancias variables, equívocas tantas veces, del amor. No es un trasunto histórico, ni de la antigua ni de la anhelada nueva historia para Europa, lo que se halla en juego en estas *Bodas*, sino las leyes indefectibles y anacrónicas, siempre azarosas, del deseo.

Siluetas de los miembro del reparto original de *Las bodas de Fígaro*

Sinopsis argumental

Santiago Salaverri

Las bodas de Fígaro

Ópera bufa en cuatro actos.
Libreto de Lorenzo da Ponte, basado en la comedia *La folle journée ou Le mariage de Figaro*, de Pierre-Augustin Caron de Beaumarchais, estrenada en París el 27 de abril de 1784.
Música de Wolfgang Amadeus Mozart.
Estrenada en el Burgtheater de Viena el 1 de mayo de 1786.

Personajes

El Conde de Almaviva	Barítono
La Condesa de Almaviva	Soprano
Fígaro, ayuda de cámara del Conde	Bajo-barítono
Susana, doncella de la Condesa y prometida de Fígaro	Soprano
Cherubino, paje del Conde	Mezzosoprano
Bartolo, médico de Sevilla	Bajo
Marcelina, antigua ama de llaves de Bartolo, actualmente al servicio del Conde	Mezzosoprano
Don Basilio, maestro de música	Tenor
Antonio, jardinero del Conde, tío de Susana	Bajo
Barbarina, hija de Antonio	Soprano
Don Curzio, hombre de leyes	Tenor
Dos jovencitas	Soprano y mezzosoprano
Coro de campesinos y campesinas	

La acción se desarrolla a lo largo de un solo día (la "loca jornada" del título de la comedia de Beaumarchais) en el castillo y posesiones del Conde. Siglo XVIII.

Antecedentes

Segunda parte de la trilogía de Beaumarchais, compuesta por *El barbero de Sevilla* (1775), *Las bodas de Fígaro* (1784) y *La madre culpable* (1792), en *Las bodas* nos encontramos con los personajes de la primera parte. El Conde de Almaviva se ha casado con Rosina —la antigua pupila del doctor Bartolo y por éste pretendida— gracias a la astucia de Fígaro, barbero de Sevilla y ahora ayuda de cámara del Conde. Los condes se han establecido en sus posesiones, que Beaumarchais sitúa en el castillo de Aguas Frescas, a tres leguas de Sevilla. Han transcurrido algunos años, y Fígaro va a contraer matrimonio ese mismo día con Susana, doncella de la Condesa.

Los dos números entre paréntesis indican, sucesivamente, el disco y el corte al que corresponden los diferentes números musicales de la obra (en la presente edición se han suprimido los recitativos secos, es decir, no acompañados de orquesta).

Puede encontrar el libreto íntegro de la ópera traducido en: www.diverdi.com
Y si lo prefiere descárgueselo en archivo PDF en www.elpais.es

Sinopsis [CD1.1]

Acto I

Habitación a medio amueblar, con un sillón en medio. En plenos preparativos nupciales, Fígaro toma medidas de la habitación, mientras Susana se prueba el sombrero que se ha hecho para su boda (duettino: *Cinque... dieci... venti...*) [CD1.2]. Fígaro explica a Susana que está midiendo si la cama que les regala el Conde quedará bien en la espaciosa habitación que les ha destinado, contigua a los aposentos de los amos, ponderando las ventajas de la proximidad para el servicio de ambos, pero Susana le hace ver que la proximidad tiene por objeto que el Conde pueda cortejarla cuando envíe a Fígaro lejos con cualquier pretexto (duettino: *Se a caso madama*) [CD1.3]. En el recitativo sucesivo, Susana explica que el Conde, cansado de su esposa, quiere usar con ella el derecho feudal que ha abolido oficialmente en sus dominios, para lo que utiliza la tercería de Basilio, maestro de canto de la joven; al ser llamada por la Condesa deja solo a Fígaro, que muy agitado cae en la cuenta de los planes de su señor al obtener la embajada en Londres y decidir trasladarse allí con ambos criados; expresa, mordaz, su propósito de oponerse a los planes del Conde utilizando toda la astucia de la que es capaz (recitativo y cavatina: *Bravo, signor padrone!... Se vuol ballare*) [CD1.4] y sale. Entran Bartolo y Marcelina. Ésta muestra un contrato de préstamo de dinero hecho por ella a Fígaro contra promesa de matrimonio, que desea hacer valer para impedir las inminentes bodas; ha maquinado persuadir a Susana para que rechace al Conde que, despechado, se pondrá de su parte. Bartolo saborea la venganza contra quien urdió la trama que le arrebató a Rosina, y se complace imaginando a Fígaro casado con su antigua criada (y amante, como luego se verá) (aria: *La vendetta*) [CD1.5]. Sale Bartolo, y regresa Susana, que intercambia con Marcelina irónicas reverencias y puyas más o menos veladas (duettino: *Via, resti servita*) [CD1.6], que concluyen con la salida furiosa de la vieja gobernanta. Llega el paje Querubino, pidiendo ayuda a Susana porque el Conde acaba de despedirle al encontrarle a solas con Barbarina, la hija del jardinero Antonio. En su ardor adolescente, declara su ofuscación por la Condesa y arrebata a Susana un lazo de su señora, entregándole a cambio una canción amorosa dirigida, en realidad, a todas las mujeres, hacia las que expresa sus turbados sentimientos (aria: *Non so più*) [CD1.7]. Al apercibirse de la inesperada llegada del Conde, se esconde detrás del sillón. El Conde comienza a cortejar a Susana y le propone un encuentro nocturno en el jardín, pero en ese momento llega Basilio y el Conde se oculta detrás del sillón, mientras Susana se las ingenia para cambiar de lugar a Cherubino, al que esconde sobre el asiento cubierto con una bata. Basilio intenta aleccionar a Susana sobre la conveniencia de preferir a un gran señor como el Conde antes que —insinúa— a un jovenzuelo como Cherubino, al que ha visto merodear por allí y que está también enamorado de la Condesa. Al oír esto último, el Conde sale furioso de su escondite; Susana finge desvanecerse y Basilio intenta retractarse, pero el Conde manifiesta su intención de alejar definitivamente a Cherubino; al escenificar cómo le descubrió la víspera oculto bajo el tapete de una mesa, levanta la bata del asiento y se encuentra con el paje, ante la desolación de Susana, la hilaridad de Basilio y los celos del Conde (trío: *Cosa sento!*) [CD1.8]. Mientras Susana trata de explicar lo sucedido en descargo de Cherubino, se presenta Fígaro al frente de un grupo de campesinos (coro: *Giovani liete*) [CD1.9] para agradecer al Conde la abolición del feudal derecho de pernada y solicitarle que cubra a Susana con el velo nupcial. El Conde comprende la treta de Fígaro y, mientras proclama su conformidad a la inminente ceremonia, promete para sí vengarse recurriendo a Marcelina. Susana y Fígaro interceden por Cherubino, que es perdonado por el Conde a condición de que parta de inmediato para incorporarse como oficial de su regimiento. Fígaro instruye con sorna a Cherubino en los rigores de la vida militar, comparándola con la placentera vida en palacio (aria: *Non più andrai*) [CD1.10].

Acto II

Aposentos de la Condesa. Ésta se lamenta de la indiferencia de su esposo (aria: *Porgi amor*) [CD1.11]. Susana le informa de los intentos de seducción del Conde, y Fígaro sugiere una doble estratagema: a través de Basilio le harán llegar una nota en la que se informa de una cita de la Condesa con un amante, mientras Susana hará saber al Conde que le espera al anochecer en el jardín, cita a la que acudirá, vestido de mujer, Cherubino, que por consejo de Fígaro ha desobedecido la orden de partir hacia Sevilla. Así el Conde, pillado *in fraganti*, no tendrá fuerza para oponerse a la boda. Sale Fígaro y entra Cherubino para ser disfrazado. A ruegos de la Condesa, canta su canción acompañado a la guitarra por Susana (arietta: *Voi che sapete*) [CD1.12]. Comienzan a vestirle, y observan que en el nombramiento como oficial que el paje lleva colgado al cuello se han olvidado de poner el sello del Conde; Susana comenta burlonamente el aspecto efébico del paje (aria: *Venite, inginocchiatevi*) [CD1.13] y sale a buscar algunas prendas. La Condesa descubre su cinta atada en el brazo del muchacho, que insinúa con lágrimas sus sentimientos hacia su ama, situación interrumpida por la súbita llegada del Conde, que llama a la puerta. La Condesa encierra con llave al paje en el vestidor y abre al Conde, que lleva en la mano la nota enviada por Fígaro denunciando la cita de la Condesa con su amante. Un ruido producido por Cherubino al derribar una silla le confirma en sus sospechas sobre la infidelidad de su esposa, a la que exige que abra el vestidor. La Condesa, ofuscada, se niega, asegurando que quien se encuentra dentro es Susana probándose el traje nupcial. Ésta regresa sin ser vista y, al percatarse de la situación, se oculta en la alcoba contigua. El Conde exige que la supuesta Susana salga, o al menos le conteste desde dentro, mientras la Condesa le advierte del posible escándalo (trío: *Susanna, or via, sortite*) [CD1.14]. No obteniendo respuesta, el Conde decide ir en busca de herramientas para forzar la entrada al vestidor; cierra con llave la puerta exterior de los aposentos y exige a su esposa que le acompañe para evitar que, en su ausencia, facilite la huida a su supuesto amante. En ese momento Susana aprovecha para abrir a Cherubino que, al encontrar cerrada la puerta exterior, se ve obligado a saltar por la ventana al jardín (dúo: *Aprite, presto aprite*) [CD1.15]. Susana se encierra en el vestidor en el momento en que regresan los condes, él con martillo y tenazas. Creyendo aún encerrado a Cherubino, la Condesa confiesa que es éste quien se halla dentro, lo que confirma las sospechas del enfurecido Conde. El extensísimo (937 compases) final —que comienza como dúo y concluye como septeto ante la progresiva irrupción de nuevos personajes— se inicia con las imprecaciones del Conde al paje supuestamente encerrado (*Esci omai, garzon malnato*) [CD1.16] y la sucesiva salida de Susana del vestidor, ante la sorpresa de ambos señores; el Conde se ve obligado a disculparse por sus sospechas mientras la Condesa se sobrepone y declara que todo ha consistido en una treta para castigarle por sus infundados celos, para lo que se han servido de la nota de Fígaro. Entra éste, que ignora lo sucedido, anunciando la llegada de los músicos para la boda (*Signori, di fuori*) [CD1.17]. Al mostrarle el Conde la nota, afirma no saber nada de ella, pese a las indirectas de ambas mujeres. En ese momento se presenta Antonio, el jardinero, afirmando enfurecido que alguien ha saltado por la ventana y roto unas macetas, lo que reaviva las sospechas del Conde. Fígaro afirma que es él quien ha saltado, asustado por los gritos del Conde, pero Antonio insiste en que fue el paje, y enseña el papel del nombramiento de Cherubino que éste ha perdido al saltar. Sale el jardinero, y el Conde pide explicaciones sobre el papel, a lo que Fígaro, a soplos de Susana, explica que lo tenía él porque faltaba el sello del Conde. La situación parece aclarada, aunque el Conde muestra su confusión ante tanto embrollo, cuando llegan Marcelina, Bartolo y Basilio para presentar la demanda de matrimonio de aquélla (*Voi, signor, che giusto siete*) [CD1.18]. El Conde se muestra complacido ante el giro de los acontecimientos y promete tratar el tema de inmediato, ante la consternación de los novios. El acto concluye en medio de la confusión general.

Acto III

Gran sala del palacio. El Conde medita sobre los recientes sucesos, cuando Susana, siguiendo el plan previsto, se acerca para darle cita esa misma noche en el jardín, pidiéndole a cambio la dote que permita pagar a Marcelina. El Conde se muestra entusiasmado (dúo: *Crudel! perchè finora*) [CD2.1] pero, cuando escucha a Susana, al salir, decir en voz baja a Fígaro que su causa está ganada, comprende el engaño, dando rienda suelta a su despecho y prometiendo venganza (recitativo y aria: *Hai già vinta la causa!... Vedrò mentr'io sospiro*) [CD2.2]. La ocasión se la ofrece la llegada de Fígaro y Bartolo con Marcelina y Curzio, su abogado, que exige que Fígaro pague o se case con Marcelina; el Conde confirma el fallo, a lo que Fígaro objeta que no puede casarse sin el permiso de sus padres, a quienes fue robado de niño; a la vista de las pruebas, Marcelina reconoce en él al pequeño Rafael, fruto de sus secretos amores con Bartolo. Los tres se abrazan ante el furor del Conde. Susana entra y, al ver a Fígaro abrazando a Marcelina, le propina una bofetada, pero al ser puesta al corriente de la situación se abraza también a sus futuros suegros (sexteto: *Riconosci in questo amplesso*) [CD2.3], que anuncian su matrimonio junto al de su hijo. Salen todos, y Barbarina entra con Cherubino para esconderlo en su casa y disfrazarlo de campesina. A solas, la Condesa recuerda con melancolía los tiempos en que era amada por su marido (recitativo y aria: *E Susanna non vien!... Dove sono*) [CD2.4]. Antonio informa al Conde de que Cherubino no ha partido aún. De nuevo la Condesa, sola con Susana, dicta a ésta la carta en la que da cita nocturna al Conde (duettino: *Canzonetta sull'aria*) [CD2.5]; éste acusará recibo con un alfiler que sella la carta. Llega un grupo de campesinas para ofrecer flores a la Condesa (coro: *Ricevete, o padroncina*) [CD2.6], entre las que se encuentra Cherubino disfrazado, pero Antonio le descubre al Conde. Barbarina evita su castigo diciendo al señor que si le da en matrimonio al paje seguirá siendo complaciente a sus caricias, por lo que la Condesa exige explicaciones. La entrada de Fígaro da paso al final del acto (final: *Ecco la marcia*) [CD2.7]: entra el cortejo nupcial, se baila el fandango, Susana entrega disimuladamente la carta al Conde, que se pincha con el alfiler, y Fígaro, ignorante de la trama, comenta intrigado la acción. El Conde anuncia una gran fiesta de bodas para esa misma noche.

Acto IV

Jardín del palacio, con dos pabellones, de noche cerrada. Barbarina lamenta haber perdido el alfiler que el Conde le ha dado para Susana aceptando la cita (cavatina: *L'ho perduta*) [CD2.8]. Fígaro entrega a la joven otro alfiler y le sonsaca información sobre la cita; creyendo que Susana ha cedido a las pretensiones del Conde, promete "vengar a todos los mari-

Erich Kleiber

dos." Marcelina no cree que Susana sea culpable pero, en todo caso, afirma su solidaridad con su propio sexo (aria: *Il capro e la capretta*) [CD2.9]. Regresa Barbarina y se oculta en el pabellón de la izquierda, mientras entran Fígaro con Bartolo y Basilio, a los que solicita ayuda para atestiguar la infidelidad de Susana. Basilio filosofa metafóricamente sobre el peligro de enfrentarse a los poderosos y la conveniencia de comportarse con flema y humildad (aria: *In quegli anni, in cui val poco*) [CD2.10]. Parten, y Fígaro inicia a solas un alegato contra la infidelidad de las féminas, previniendo a los hombres contra sus malas artes (recitativo y aria: *Tutto è disposto... Aprite un po' quegl'occhi*) [CD2.11]. Entran la Condesa y Susana, que han intercambiado sus ropas, con Marcelina, que les ha advertido de los celos de Fígaro. Mientras sus acompañantes entran en el pabellón, Susana queda sola en el jardín, fingiendo impaciencia ante la cita con el Conde para castigar a su desconfiado prometido (recitativo y aria: *Giunse al fin il momento... Deh, vieni, non tardar*) [CD2.12]. Al aparecer en escena Cherubino, comienza el final de la ópera, algo más breve que el del acto II (final: *Pian pianin le andrò più presso*) [CD2.13]. El paje intenta besar a Susana creyéndola la Condesa, y el Conde, celoso, intenta darle una bofetada, que recibe Fígaro por interponerse para curiosear. Quedan solos en escena los condes. Él, tomando a su esposa por Susana, le regala un anillo y le propone entrar en un pabellón, pero se ve forzado a huir al llegar Fígaro. La Condesa se esconde en el pabellón derecho, y es ahora Susana quien, vestida como su ama, se coloca en el centro del jardín. Fígaro identifica por la voz a Susana y finge flirtear con la supuesta Condesa; su prometida, creyéndole infiel, le abofetea celosa, a lo que sigue una rápida reconciliación (*Pace, pace, mio dolce tesoro*). Pero cuando el Conde se aproxima creyendo que su mujer le está traicionando, los novios se esconden en el pabellón izquierdo. El Conde llama a todos para que sean testigos de la infidelidad de su esposa (*Gente, gente! all'armi!*) [CD2.14]; acuden servidores con antorchas, junto a Bartolo, Basilio, Antonio y Curzio, y el Conde exige que salgan del pabellón sus ocupantes. Sucesivamente salen Cherubino, Barbarina, Marcelina y Susana, ésta —simulando ser la Condesa— tapándose la cara y pidiendo perdón, que el Conde deniega reiteradamente; en ese momento la auténtica Condesa sale del pabellón opuesto diciendo que ella sí está dispuesta a perdonar. El Conde reconoce su error y suplica para él el perdón que denegaba a los demás. La Condesa accede, y todos se dirigen felices al lugar donde se celebrarán, vencidos todos los obstáculos, las anheladas bodas.

Acerca del sello Testament

Desde que hace ya tres lustros Stewart Brown pusiera en marcha un acuerdo de licencia con EMI para publicar parte de los fondos del catálogo del sello británico, acuerdo repetido posteriormente con Decca, Testament no ha dejado de poner a nuestro alcance grabaciones míticas que de otro modo aún dormirían el sueño de los justos: Furtwängler, Klemperer, Kempe, Krauss, Cluytens, Cantelli, Toscanini, Inghelbrecht, entre muchas otras grandes batutas; De los Ángeles, Grümmer, Schwarzkopf, Seefried, Danco, Gigli, Di Stefano, Souzay, Bernac, Hotter, entre tantas excelsas voces; los más grandes solistas instrumentales —Oistrakh, Menuhin o Kogan; Rubinstein, Gilels, Solomon o Fischer —junto a estupendos grupos de cámara. Y, en fin, un selecto grupo de reediciones operísticas —*Manon* y *Butterfly* con Victoria de los Ángeles; *Pelléas et Mélisande* dirigido por Cluytens, con Souzay y De los Ángeles— a las que hay que añadir una impresionante revelación: el *Götterdämmerung* dirigido por Knappertsbusch en Bayreuth en 1951. Testament forma, junto con Andante y Orfeo, el triunvirato de lujo de la edición histórica.

1
Conciertos para piano
Maurizio Pollini
Orquesta Filarmónica de Viena

2
Réquiem
Orquesta Filarmónica de Viena
Josef Krips

3
Las grandes obras para clarinete
Martin Fröst
Amsterdam Sinfonietta

4
Cuartetos de cuerda
Cuarteto Mosaïques

5
Las bodas de Fígaro I
Orquesta Filarmónica de Viena
Erich Kleiber

6
Las bodas de Fígaro II

7
Serenatas
Josef Suk
Orquesta de Cámara de Praga
Josef Vlach

8
Sinfonías I
Philharmonia Orchestra
Herbert von Karajan. Rudolf Kempe

9
Sonatas para piano
Ronald Brautigam

10
Obras para flauta
Sharon Bezaly
Solistas de Salzburgo
Ostrobothnian Chamber Orchestra

11
Don Giovanni I
Orquesta de la RAI
Carlo Maria Giulini

12
Don Giovanni II

13
Quintetos de cuerda
Cuarteto Orlando
Nobuko Imai

14
Gran misa y otras obras sacras
Diversos intérpretes

15
Conciertos para trompa y orquesta
Alan Civil
Philharmonia Orchestra
Otto Klemperer

16
Música masónica
Orquesta de Cámara de Praga
Pavel Kühn

17
Conciertos para piano II
Patrick Cohen
Ensemble Baroque de Limoges
Christophe Coin

18
Arias de concierto
Cyndia Sieden
Orquesta del Siglo XVIII
Frans Brüggen

19
Sonatas para violín y piano
Jos van Immerseel
Midori Seiler

20
Così fan tutte I
La Petite Bande
Sigiswald Kuijken

21
Così fan tutte II

22
Mozart niño
Diversas obras e intérpretes

23
Obras para violín y orquesta
Régis Pasquier
Orquesta Filarmónica de Lieja
Pierre Bartholomée

24
Grandes cantantes mozartianos
Diversas obras e intérpretes

25
Música para instrumentos de viento
Nachtmusique
Eric Hoeprich

26
Sinfonías II
Gürzenich Orchestra
Günter Wand

27
Los cuartetos con piano
Paul Badura Skoda
Cuarteto Festetics

28
Cámara oculta
Stephen Hough
Vientos de la Filarmónica de Berlín
Arion Trio

29
La flauta mágica I
Orquesta Filarmónica de Viena
Karl Böhm

30
La flauta mágica II